LA GRANDE IMAGERIE

LES INDIENS

Auteur
Sylvie DERAIME

Illustrations
INKLINK

Collection
Émilie BEAUMONT

Avec la participation de Marie-Claude STRIGLER, spécialiste des Indiens d'Amérique du Nord, maître de conférences à l'université de la Sorbonne nouvelle

FLEURUS

GROUPE FLEURUS, 15-27, rue Moussorgski, 75018 PARIS
www.editionsfleurus.com

QUI SONT LES AMÉRINDIENS ?

On appelle Amérindiens les Indiens d'Amérique du Nord, qui sont les premiers habitants de ce continent. Lorsque Christophe Colomb a abordé le Nouveau Monde en 1492, il a rencontré des populations qu'il pensait être des « Indiens », car il se croyait en Asie, ou plutôt aux Indes, comme on disait alors. Toutefois, ces populations ont préféré se donner le nom de leur tribu. Les mythes des Amérindiens racontent que la terre d'Amérique est leur Terre Mère, où ils sont nés et ont toujours vécu.

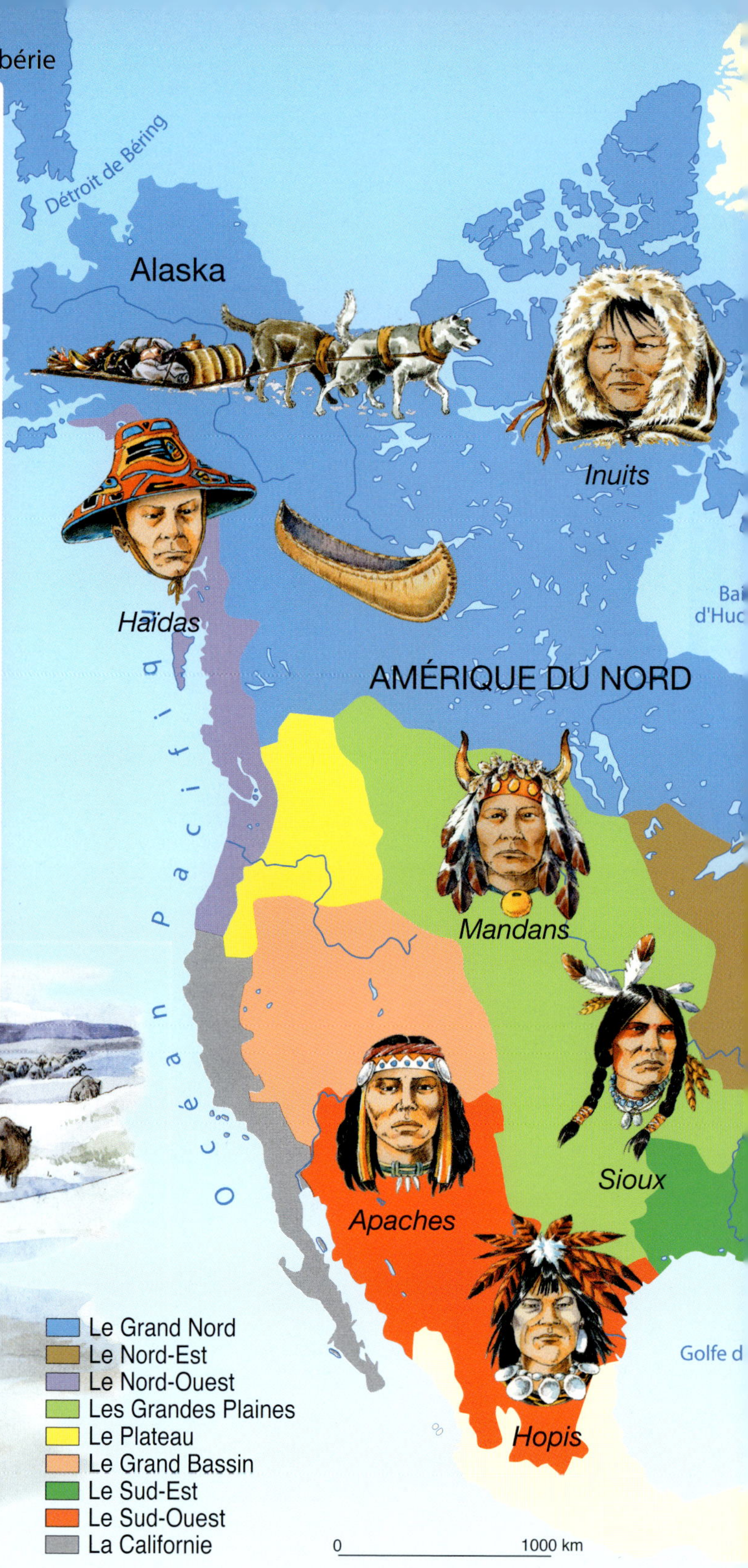

D'où viennent-ils ?

On pense que les ancêtres des Amérindiens sont venus d'Asie il y a au moins 30 000 ans. Ces chasseurs nomades suivaient, avec femmes et enfants, les grands troupeaux de bisons, de rennes et de mammouths. Ils ont migré de Sibérie en Alaska pendant la dernière période glaciaire, en même temps que ces animaux, dont ils se nourrissaient. La baisse du niveau des mers avait créé un pont terrestre entre l'Asie et l'Amérique du Nord. Les hommes pouvaient ainsi franchir à pied ce qui est aujourd'hui le détroit de Béring.

Des cultures très anciennes

Les fouilles archéologiques menées au XXe siècle ont mis au jour des cultures anciennes très élaborées : dans la vallée de l'Ohio, par exemple, les Amérindiens ont édifié, à partir de 1000 ans avant notre ère, d'imposants tumulus où ils inhumaient leurs morts, comme le tertre du Serpent, dont on voit encore la forme dans le paysage.

Où vont-ils

Une fois en Alaska, les Amérindiens progressèrent le long de la côte ouest de l'Amérique. Certains s'arrêtaient à un endroit qui leur convenait, d'autres allaient plus loin, puis s'installaient à leur tour. Il arrivait aussi, quand un groupe établi sur un territoire devenait trop nombreux, que certains de ses membres partent en quête d'un nouvel endroit où vivre. Ainsi, progressivement, l'Amérique a été peuplée du nord jusqu'au sud, de la côte ouest à la côte est.

Des peuples divers

On estime que les Amérindiens étaient entre 1,2 million et 12 millions en Amérique du Nord (États-Unis et Canada) à l'arrivée des premiers Européens. Sur ce continent immense, les climats et les paysages sont très différents les uns des autres. Les Amérindiens s'étaient adaptés à leur environnement : les uns vivaient en petites bandes nomades de la chasse et de la cueillette, les autres dans des villages de pêcheurs, et d'autres encore dans d'importants villages d'agriculteurs. Il y avait plus de 500 tribus différentes, qui parlaient près de 300 langues.

Les liens avec la nature

Les Européens, qui ont colonisé l'Amérique à partir du XVe siècle, ont été choqués par la nudité de certains Amérindiens, par leurs peintures corporelles, par le fait que beaucoup s'abritaient sous de simples tentes en peaux ou encore par leur croyance en des esprits vivant dans les plantes, les animaux ou même dans les rochers. Convaincus de la supériorité de leur culture, les Européens ont longtemps considéré les Amérindiens comme des « sauvages ».

Dans la vallée du Mississippi, la cité de Cahokia, fondée vers 1300 avant notre ère, abritait de très nombreux temples bâtis sur des plates-formes de terre et destinés aux rites religieux. Entourée de palissades, elle a compté jusqu'à 20 000 habitants.

DE LA TRIBU À LA FAMILLE

Les Sioux des Grandes Plaines, les Iroquois des terres boisées du Nord-Est et les Apaches du Sud-Ouest sont quelques-uns des nombreux peuples amérindiens. Un peuple rassemble des individus partageant une langue, un mode de vie et des coutumes. Chaque peuple est divisé en sous-groupes, appelés tribus. Mais, comme dans la plupart des sociétés, ce qui compte le plus pour les Amérindiens, c'est la famille, unie par des liens très forts, car la solidarité familiale est gage de survie.

Les tribus

Au sein d'un même peuple, les tribus ont chacune leur version des mythes racontant l'histoire de leur peuple, leurs emblèmes et même leur dialecte. Elles occupent un territoire et se battent parfois entre elles pour accéder aux ressources naturelles de leurs voisines. Les Sioux, par exemple, comptaient quinze tribus, chacune composée de plusieurs clans familiaux vivant éparpillés.

L'été, les tribus sioux se réunissaient pour une grande assemblée, le powwow. C'était l'occasion de chanter, de danser et d'échanger des nouvelles des différents clans.

Des décisions collectives

Dans la tribu comme dans le clan, les décisions concernant la vie de tous, par exemple l'endroit où établir le campement, l'organisation des grandes chasses ou l'entrée en guerre sont prises par un conseil. Celui-ci est généralement composé d'hommes âgés, dont l'expérience est précieuse, et de guerriers plus jeunes, dont tout le monde reconnaît la valeur. Le conseil choisit parmi ses membres un chef, qui doit être respecté de tous pour son courage, sa générosité et sa sagesse. Ces qualités étaient celles de Cochise et de Geronimo, deux chefs apaches, ou encore du Sioux Sitting Bull, qui sont entrés dans l'Histoire pour avoir mené la résistance contre les colons américains.

La famille

La famille amérindienne regroupe le père, la mère et les enfants, mais aussi les grands-parents, les oncles, les tantes et les cousins. Elle peut compter une centaine de personnes et constitue un clan. Tous les adultes de la famille participent à l'éducation des enfants et s'occupent d'eux si leurs parents meurent. Les grands-parents transmettent à leurs petits-enfants l'histoire, les rites et les coutumes de la tribu par le biais de contes.

Les enfants sont très libres et apprennent beaucoup en jouant à imiter les grands. Dès 7 ans, les garçons s'initient à la chasse et à la guerre avec les hommes de la famille. Les filles apprennent à coudre, à travailler les peaux et à cueillir les plantes en compagnie des femmes.

Le mariage

Les filles sont souvent mariées dès la puberté, vers 12 ans. Le mariage peut être arrangé par les familles, désireuses de s'allier. Toutefois, les futurs mariés doivent consentir à leur union. Le jeune homme courtise longuement la jeune fille en jouant de la musique pour elle, en lui montrant sa bravoure au combat ou à la chasse. Le mariage est scellé par un échange de présents entre les familles et par une fête.

Selon les peuples, c'est l'homme ou la femme qui va vivre dans la famille de son conjoint. L'un ou l'autre peut à tout moment divorcer. Dans certaines tribus, un homme peut avoir plusieurs épouses et, plus rarement, une femme plusieurs maris.

Le jeune homme offre un cheval à son futur beau-père. Si le cadeau est accepté, il pourra épouser la jeune fille.

LES VILLAGES INDIENS

L'image la plus répandue des Amérindiens est celle de chasseurs nomades déplaçant sans cesse leurs campements. En réalité, certaines tribus s'étaient établies dans des villages, là où la nature leur offrait des plantes, du gibier, du poisson et même des matériaux de construction en abondance. Pour ne pas épuiser ces richesses naturelles, la plupart des sédentaires changeaient de site tous les dix à vingt ans. Beaucoup passaient l'été dans des campements provisoires pour suivre les troupeaux de bisons.

Les villages en escalier des Pueblos

L'une des plus anciennes civilisations sédentaires amérindiennes est celle des Pueblos du Sud-Ouest. Au Xe siècle, ces cultivateurs ont édifié dans un canyon de cette région aride une véritable forteresse, Pueblo Bonito, abritant 800 personnes. Les villages pueblos étaient construits dans les renfoncements des falaises ou sur des *mesas*, des hauts plateaux.

Devant chaque maison haïda était dressé un poteau totémique racontant l'histoire du clan et représentant ses animaux protecteurs. Les façades aussi étaient souvent peintes.

Les villages du bord de mer

Les Haïdas, les Kwakiutl, les Tlingits et les Nootkas ont construit des villages sur la côte nord-ouest, en bordure du Pacifique, dès les premiers siècles de notre ère. Hautes de 3 à 4 mètres, ces maisons en bois pouvaient accueillir plusieurs couples avec leurs enfants et leurs parents célibataires ou veufs. Le long des murs, des estrades servaient de lits la nuit et de banquettes le jour. Au milieu se trouvait le foyer.

Maison longue

Les maisons avaient de deux à quatre niveaux. Toutes comprenaient une pièce où l'on cuisinait, un cellier pour entreposer les récoltes et des chambres. Comme la maison, les banquettes, les lits et la cheminée étaient souvent en adobe, de la terre mêlée de paille. L'essentiel des activités quotidiennes se déroulait sur les toits en terrasse.

Les villages ronds des Mandans

Les Mandans habitaient des villages entourés de palissades sur les falaises et les collines bordant le fleuve Missouri, dans l'est des Grandes Plaines. Les huttes étaient disposées en rond autour d'un lieu de culte, le cercle symbolisant la Terre pour les Mandans. Rondes elles aussi, coiffées d'un toit en dôme représentant le ciel, ces huttes étaient des espaces sacrés. Des cérémonies se déroulaient pendant que les femmes les construisaient.

Les maisons longues

Les Hurons et les Iroquois des terres boisées du Nord-Est vivaient dans de longues maisons pouvant atteindre jusqu'à 60 m de longueur. Elles accueillaient une dizaine de familles de 5 ou 6 personnes.

Dans la maison mandan

La vie s'y organisait autour d'un foyer central, à même le sol. On y préparait les repas et on accueillait aussi les visiteurs. Le long des murs étaient disposés des lits en bois. L'hiver, les chevaux partageaient l'espace avec la famille et les chiens, attachés derrière un mur de bois, près de l'entrée.

Les maisons séminoles

Peuplant les régions marécageuses de la Floride, dans le Sud-Est, les Séminoles construisaient de grandes huttes faites de branchages et couvertes de palmes, les *chickees*.

LES CAMPEMENTS NOMADES

Certains peuples amérindiens étaient nomades. Leur vie était rythmée par les déplacements des animaux dont ils dépendaient pour se nourrir et se vêtir. Dans les Grandes Plaines, les Sioux, les Cheyennes et les Comanches sillonnaient dès le printemps les immenses prairies où paissaient les bisons. Avant l'hiver, ils gagnaient les versants des collines du Nord, mieux abrités du vent et du froid. Les Crees du Grand Nord suivaient les caribous. Un tel mode de vie exigeait d'être résistant et organisé !

Les tipis en peaux de bison

Il fallait douze peaux de bison pour un tipi de 4 m de diamètre. Les plus grands tipis pouvaient dépasser 10 m de diamètre et être couverts d'une cinquantaine de peaux. Celles-ci étaient souvent décorées de scènes de chasse ou de guerre. Pour préparer les peaux, les femmes les fixaient sur le sol. Elles grattaient la chair et le sang, puis ôtaient les poils. La peau était enduite de graisse et de cervelle de bison pour l'imperméabiliser et mise à sécher au soleil. Elle était enfin frottée, assouplie et fumée au-dessus d'un feu.

Des habitations démontables

Les Indiens des Plaines et les Crees vivaient sous le tipi, mot sioux, qui signifie « habiter ». Il était fait de peaux de bison ou de caribou tendues sur de longues perches en bois. Les femmes, dont c'était la tâche, le montaient et le démontaient en moins d'une heure. On s'y asseyait et on y dormait à même le sol, sur des peaux. En y entrant, les hommes devaient s'écarter sur la droite, les femmes sur la gauche. Le chef de famille et les invités d'honneur s'installaient toujours au fond, et nul ne devait passer entre le foyer central, délimité par un cercle de pierres, et une personne assise.

L'entrée du tipi était toujours orientée à l'est, face au soleil levant, et à l'abri des vents d'ouest.

Les wigwams

Les nomades des terres boisées du Nord-Est, tels les Ojibwas, habitaient plutôt un wigwam une hutte de branchages couverte de morceaux d'écorce de bouleau cousus ensemble et de peaux. Quand ils quittaient un site, ils emportaient l'écorce et les peaux roulées, abandonnant sur place la structure. Il leur était facile de trouver ailleurs du bois mort.

Les plus grandes de ces habitations pouvaient abriter de 10 à 15 personnes. L'hiver, on les recouvrait de peaux d'animaux, et un feu y était entretenu en permanence.

Les déplacements

Les tipis démontés étaient chargés sur des travois, deux longues perches fixées ensemble et tirées par un cheval ou un chien. Au-dessus, on plaçait les vêtements, les couvertures, les ustensiles et les outils. Les enfants, les personnes âgées et les malades pouvaient se reposer sur le travois. Les bébés voyageaient dans une sorte de berceau en peau fixé sur une armature en bois. La mère le portait sur son dos ou l'accrochait au flanc d'un cheval.

Le tipi était douillet : chaud l'hiver, frais l'été. Il était assez vaste pour accueillir une famille – parents, enfants et parfois grands-parents. Il servait à la fois de cuisine, de lieu de réception et de chambre commune.

Les tipis du campement étaient disposés en cercle, symbole d'harmonie chez les Indiens.

La révolution du cheval

Les chevaux ont été introduits en Amérique du Nord au XVIe siècle par les Espagnols. D'abord très effrayés par cet animal, les Amérindiens l'ont, pour la plupart, adopté. Les chevaux pouvaient tirer et porter des charges bien plus lourdes, sur de plus longues distances, que les chiens.

L'AGRICULTURE

Les tribus amérindiennes sédentaires ont pratiqué très tôt l'agriculture pour se nourrir. À partir de 800 ap. J.-C., le maïs est devenu pour beaucoup d'entre elles l'aliment de base. Certaines cultivaient aussi des courges et des haricots, ainsi que, selon la région, des tomates, du piment, des melons, du tournesol ou du coton. Toutes les tribus, même celles qui ne se livraient pas à l'agriculture, complétaient leur alimentation avec des plantes sauvages qu'elles cueillaient.

Les « trois sœurs »

Les Iroquois du Nord-Est avaient mis au point un ingénieux système associant les trois principales cultures amérindiennes : ils faisaient pousser les haricots le long des tiges de maïs et plantaient à leur pied des courges. Ainsi, ces plantes, qu'ils appelaient les « trois sœurs », s'entraidaient pour pousser. Les haricots fertilisaient le sol, les courges préservaient son humidité et empêchaient les mauvaises herbes de croître, et le maïs servait de support. Les Amérindiens connaissaient au moins 15 variétés de maïs. En croisant les espèces, ils avaient obtenu des épis jaunes, blancs, rouges et même bleus !

Les femmes récoltaient les courges, tandis que sur la plate-forme les enfants criaient et bougeaint pour effrayer les oiseaux.

Un travail de femme

Le travail de la terre revenait le plus souvent aux femmes. Leurs maris les aidaient parfois à défricher ou à récolter, mais c'était à elles de retourner la terre, de semer et d'entretenir le champ. Après la récolte, elles s'occupaient de faire bouillir ou griller les épis de maïs. Elles découpaient les courges en lanières, enfilaient le piment en chapelets, écossaient les haricots avant de les faire sécher...

Des dons partagés

Les plantes cultivées étaient pour les Amérindiens des cadeaux de la terre. Il était donc naturel pour eux de partager ces présents. On offrait ainsi à manger aux personnes démunies et à tous les visiteurs, qui recevaient la meilleure part. Cet esprit de partage a conduit les Amérindiens à aider les premiers colons européens, en leur apportant de la nourriture et en leur apprenant à cultiver les plantes que ceux-ci ne connaissaient pas.

Les femmes broyaient le maïs pour en extraire la farine, avec laquelle elles préparaient des bouillies et des galettes.

La cueillette

Les Amérindiens récoltaient dans la nature des pignons de pomme de pin, des fruits (prunes, merises), des baies sauvages (canneberges, fraises des bois) et des plantes aromatiques.

Tabac sacré

Les Amérindiens ont été les premiers à cultiver le tabac et à le fumer. Mais le calumet de la paix était réservé à des occasions solennelles : cérémonies religieuses, conseils de guerre ou de paix. En se passant la pipe ou le calumet, on renforçait les liens entre les participants, tandis que la fumée qui s'élevait reliait les hommes aux forces mystérieuses gouvernant l'univers.

Tandis que l'homme manœuvrait le léger canoë en bouleau, les femmes ployaient les épis de riz sur le bord de l'embarcation et les battaient pour prélever les grains.

Le riz sauvage

Les tribus qui vivaient près des Grands Lacs se consacraient à la fin de l'été à la récolte du riz sauvage, une graminée aquatique. Parce que c'était leur aliment de base, ils veillaient toujours à laisser tomber des grains dans l'eau pour assurer la récolte de l'année suivante. Les Ojibwas ensemençaient même d'autres lacs et cours d'eau.

CHASSEURS ET PÊCHEURS

Toutes les tribus amérindiennes pratiquaient la chasse. Celles qui vivaient au bord de l'eau pratiquaient aussi la pêche. Si le gibier variait la nourriture des agriculteurs, il était la principale source d'alimentation des nomades. Les habitudes de vie des proies commandaient celles des hommes, qui apprenaient, dès l'enfance, à observer la nature. Mais, surtout, on considérait les animaux comme des frères, enfants d'une même mère, la Terre, et on ne les tuait que pour se nourrir.

Des jeux pour s'entraîner

Les garçons apprenaient très tôt, en suivant les adultes, à repérer les animaux et à les capturer. Dès 6 ou 7 ans, ils posaient des pièges pour les petits mammifères et les oiseaux, encerclaient et rabattaient en groupe les lièvres ou les lapins, qu'ils tuaient à coups de bâton. Pour s'entraîner à tirer des flèches sur des animaux en mouvement, ils visaient une cible en peau traînée au bout d'une corde par un plus jeune.

Des techniques adaptées

Les méthodes employées pour la chasse et la pêche résultaient d'une observation et d'un savoir-faire transmis de génération en génération. Les Micmacs du Nord-Est et les Chinooks du Nord-Ouest connaissaient ainsi les torrents où les saumons venaient se reproduire en masse chaque année. Ils les piégeaient dans des filets ou les tuaient avec des lances. Certains Indiens des bois repoussaient les cerfs et les chevreuils dans un lac ou une rivière, où des chasseurs en canoës les tuaient. Au printemps, les Paiutes du Grand Bassin disposaient dans les marécages de faux oiseaux en roseau pour attirer les canards migrateurs, que les chasseurs à l'affût tiraient à l'arc.

Les adultes s'adonnaient aussi à des jeux permettant de tester leurs capacités et organisaient des courses de chevaux.

Peu de tribus chassaient l'ours, un animal craint et respecté. Les Indiens du Plateau enfumaient sa tanière pour le faire sortir et l'affronter avec des lances. Les Hurons du Nord-Est le traquaient avec des chiens.

La chasse aux mammifères marins

Les Nootkas du Nord-Ouest chassaient les baleines à bord de grands canoës sculptés, appelés oumiaks, dans lesquels un chef de famille dirigeait les opérations. Il devait porter le premier coup de harpon. Le bateau, relié par la corde du harpon, pouvait être traîné plusieurs heures sur l'océan Pacifique par l'animal avant que celui-ci ne s'épuise. Les Inuits du Grand Nord s'installaient l'hiver sur la banquise de l'Arctique pour traquer le phoque, le bélouga (un cousin du dauphin), et le morse. Ils consommaient la chair et l'huile des premiers et nourrissaient leurs chiens de viande de morse. La peau de ces animaux servait à recouvrir l'oumiak.

La malédiction du castor

La fourrure du castor n'était pas la plus prisée des Amérindiens. Mais, au XVIIIe siècle, elle servait en Europe à confectionner des manteaux et des chapeaux. Des compagnies européennes s'installèrent en Amérique du Nord pour troquer les peaux fournies par les Amérindiens contre des outils, des tissus, des perles de verre, mais aussi de l'alcool et des armes à feu, qui firent des ravages parmi les tribus. Les castors ont même failli disparaître de régions entières.

LA CHASSE AU BISON

En 1800, les Grandes Plaines, qui formaient une immense prairie, abritaient 60 millions de bisons. Ces herbivores, qui se dispersaient en petites bandes l'hiver, se rassemblaient en très grands troupeaux lors des beaux jours. C'était l'époque de la grande chasse au bison. Pour soumettre les Indiens des Plaines, qui refusaient que les colons blancs s'approprient leur territoire, le gouvernement américain décida d'exterminer les bisons. En 1900, il n'en restait plus que 550.

Une activité collective et réglementée

La chasse était organisée par le conseil de la tribu, qui définissait la stratégie et le moment de l'attaque. Les cavaliers s'approchaient discrètement du troupeau, montés sur un cheval ordinaire et menant par une corde un autre cheval dressé spécialement pour la chasse au bison. Arrivés près des bisons, ils changeaient de monture, choisissaient l'animal qu'ils voulaient tuer et se lançaient au galop, le séparant du troupeau. Restés à l'arrière, les femmes, les enfants et les vieillards gardaient les montures ordinaires et se tenaient prêts à découper les bisons morts.

Quand les chasseurs arrivaient à hauteur de leur proie, ils lâchaient leurs rênes pour pouvoir bander leur arc et se tenir prêts à tirer.

Une chasse dangereuse

Habituellement calmes, les bisons deviennent imprévisibles quand ils se sentent menacés. Pesant jusqu'à plus de 900 kg, ils peuvent aisément renverser et piétiner à mort un homme. La ruse, l'habileté et la rapidité étaient donc indispensables aux chasseurs.

La danse du bison

Les Amérindiens demandaient la permission aux animaux avant de les tuer pour s'en nourrir. Ils exécutaient pour cela divers rites, dont des danses invoquant l'esprit de l'animal concerné. Les Hidatsas et les Mandans se coiffaient de têtes de bisons pour effectuer la danse destinée à attirer ces animaux.

Précieux bison

Aucune partie de l'animal n'était perdue. On buvait son sang, on mangeait sa chair et ses abats. Sa peau, tannée par les femmes, était utilisée pour se vêtir et fabriquer des tipis. On en faisait aussi des sacs, des récipients, des carquois, des étuis à couteau, des lassos et des masques. Avec les os, on fabriquait des couteaux, des outils, des jetons de jeu et des patins de traîneau. Les sabots devenaient des hochets pour les bébés. On les fondait pour obtenir de la colle. Les tendons servaient à faire des cordes pour les arcs ou du fil de couture. La bouse de bison séchée était un excellent combustible.

Avant l'adoption du cheval, les chasseurs affolaient les bisons avec des cris et de grands gestes pour les pousser jusqu'au bord d'une falaise ou d'un canyon. Les animaux, paniqués, s'y précipitaient.

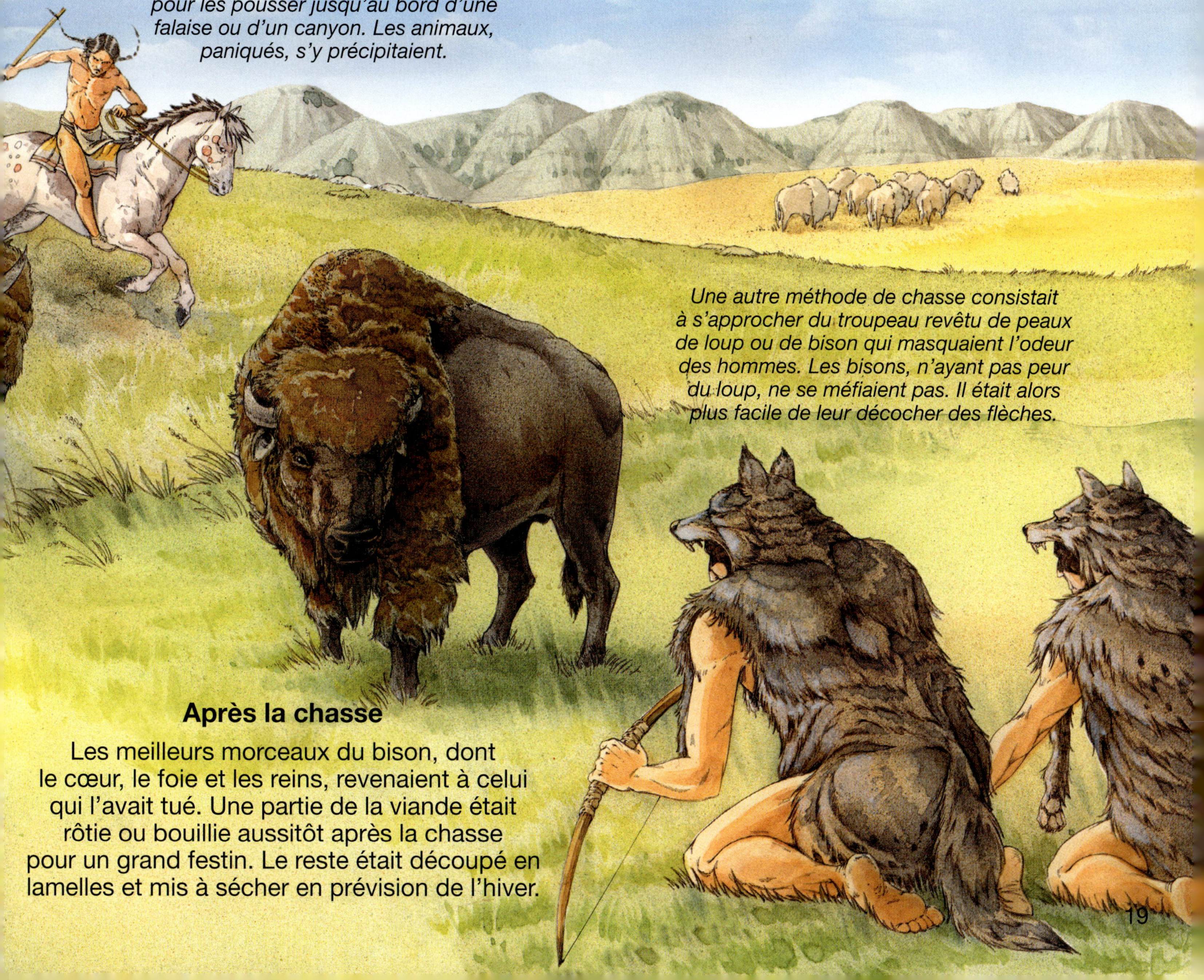

Une autre méthode de chasse consistait à s'approcher du troupeau revêtu de peaux de loup ou de bison qui masquaient l'odeur des hommes. Les bisons, n'ayant pas peur du loup, ne se méfiaient pas. Il était alors plus facile de leur décocher des flèches.

Après la chasse

Les meilleurs morceaux du bison, dont le cœur, le foie et les reins, revenaient à celui qui l'avait tué. Une partie de la viande était rôtie ou bouillie aussitôt après la chasse pour un grand festin. Le reste était découpé en lamelles et mis à sécher en prévision de l'hiver.

ART ET ARTISANAT

Les Amérindiens ont toujours manifesté à travers leurs créations, même lorsqu'il s'agissait d'objets quotidiens, un goût certain pour la beauté. L'art et l'artisanat étaient et sont encore pour eux, non seulement une façon d'embellir la vie, mais aussi un moyen d'exprimer leurs liens spirituels avec la nature. Les matériaux et les produits de l'artisanat faisaient l'objet d'échanges entre les tribus, qui inventèrent pour faciliter le troc une langue gestuelle comprise par tous, appelée langage des signes.

Les peintures

La peinture était souvent réservée aux hommes. Les nomades des Plaines peignaient sur les peaux dont ils faisaient leurs tipis, leurs vêtements, leurs boucliers et leurs bagages de petits dessins stylisés et des figures réalistes racontant leurs rêves ou des événements. Certaines tribus représentaient des animaux sur leurs maisons et leurs totems en bois ; d'autres ornaient leurs poteries. Le visage et le corps pouvaient également être peints pour le plaisir, pour la guerre ou à l'occasion de rites religieux.

Parures et bijoux

Perles, coquillages, griffes et dents d'animaux, plumes et bandes de fourrure servaient à confectionner des colliers, des bracelets, des boucles d'oreilles... Au XIXe siècle, les Navajos et les Zunis du Sud-Ouest ont appris des Espagnols à travailler l'argent et ont réalisé de très beaux bijoux. On fabriquait aussi des coiffes de styles divers : celles des plus valeureux guerriers des Plaines étaient en plumes d'aigle.

Le perlage

Les femmes utilisaient des piquants de porc-épic aplatis, découpés en morceaux puis teints, ou des coquillages taillés en petites pièces. Elles ont ensuite adopté les perles de verre importées d'Italie par les Européens.

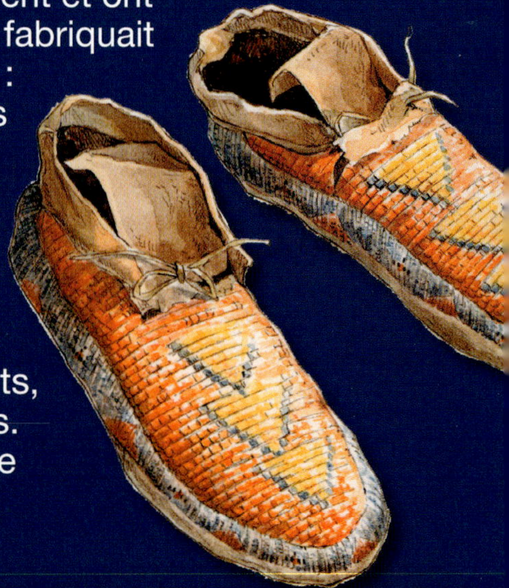

La sculpture

Les Iroquois façonnaient dans le bois des masques de cérémonie aux traits tordus et aux cheveux hirsutes faits en crins d'animaux. Les tribus du Nord-Ouest, qui sculptaient de remarquables totems, fabriquaient des masques articulés : en les ouvrant ou en les refermant au moyen de cordelettes, les danseurs qui les portaient pour raconter les mythes de la création du monde pouvaient incarner différents personnages, animaux légendaires ou figures humaines mythiques.

Le tissage

Le tissage de vêtements et de couvertures était surtout une activité de femmes, sauf chez les Pueblos, qui réservaient cet acte sacré aux hommes. Les Pueblos ont cultivé et travaillé le coton dès le Xe siècle. Ils ont transmis cet art aux Navajos, qui ont appris plus tard des Espagnols à élever les moutons et à utiliser leur laine.

La poterie

Les Amérindiens fabriquaient de superbes jarres et plats en superposant des colombins d'argile qu'ils lissaient ensuite.

La vannerie

De nombreuses tribus pratiquaient la vannerie, confectionnant des paniers, des nasses à poissons ou même des chapeaux avec des lanières d'écorce, du jonc, des feuilles de maïs ou des racines de conifères.

La musique et la danse

Les Amérindiens dansaient pour célébrer des événements heureux, s'assurer une chasse ou une récolte fructueuse, apaiser les esprits en cas de famine, de guerre ou de maladie. Des chants, ponctués parfois de cris imitant ceux des animaux, pouvaient accompagner ces danses rythmées par des tambours, des tambourins ou encore des maracas, faites avec des courges, des calebasses ou des carapaces de tortue remplies de cailloux. Le son du sifflet, taillé dans des os d'oiseaux, ou de la flûte, en bois, en os ou en roseau, s'y mêlait quelquefois.

Flûte en bois

LES CROYANCES

Pour les Amérindiens d'hier et d'aujourd'hui, le monde tout entier est peuplé d'esprits qui peuvent s'abriter dans une montagne, un rocher, un arbre ou un animal. L'être humain n'est pas une créature supérieure aux autres êtres vivants. Il est un enfant de la Terre et du Grand Esprit, que les Sioux nomment Grand Mystère de l'Univers. Si les hommes veulent avoir une bonne vie et être heureux, ils doivent vivre en harmonie avec les esprits et faire alliance avec eux. C'est pourquoi ils se livrent à des rituels religieux, guidés par leur chaman.

Le chaman

Le chaman est un homme, ou parfois une femme, qui a le don de communiquer avec les esprits grâce à des visions. Il organise les rituels au cours desquels les esprits viennent habiter les hommes. Un peu magicien, il est aussi guérisseur : il connaît les vertus des plantes et sait extraire une flèche ou soigner une fracture.

Chez les Navajos et les Pueblos, lorsqu'une personne est malade, l'homme-médecine (équivalent du chaman) réalise un dessin sur le sol de son habitation. Assis au centre de cette « peinture de sable », le malade bénéficie du pouvoir des esprits.

Mystérieux kachinas

Les Pueblos croient que des êtres surnaturels, appelés kachinas (le Soleil, la Lune et tous les animaux), reviennent chaque année parmi eux pendant plusieurs mois. Des cérémonies ont alors lieu pour que ceux-ci intercèdent auprès des forces supérieures en faveur des humains. Les hommes initiés dansent en portant des masques représentant les kachinas. Ces rites ont lieu dans des chambres en partie souterraines, les kivas, auxquelles les étrangers n'ont jamais eu le droit d'accéder. On compte plus de 350 kachinas.

Pour initier les enfants aux différents kachinas, les Pueblos les représentent sous forme de poupées qu'ils sculptent dans des racines de peuplier. Ce sont des objets sacrés.

Rites de passage

À la puberté, les garçons des tribus des Plaines partent seuls sur une colline. Pendant quatre jours et quatre nuits, ils demeurent là sans boire ni manger espérant, grâce à ce jeûne, recevoir une vision. Celle-ci se manifeste souvent sous la forme d'un animal qui devient le protecteur du jeune homme pour la vie. Un protecteur est en effet indispensable si l'on veut devenir chaman ou membre d'une société guerrière. Lorsqu'une fille parvient à la puberté, elle purifie son corps et son esprit par un bain et un jeûne. Puis une fête marque son passage au statut de femme.

Pratiques de purification

Aujourd'hui, avant toute grande cérémonie, mais aussi autrefois, avant de partir à la chasse ou à la guerre, les Amérindiens se purifient. Ils jeûnent et, dans la plupart des tribus, se rendent dans la loge de sudation. Le bain de vapeur est nécessaire pour gagner la faveur des esprits et guérir la fièvre ou les douleurs.

Au centre de la loge de sudation, un dôme recouvert de peaux, de branchages ou de terre, sont placées des pierres chauffées à blanc sur lesquelles on verse de l'eau froide. On y dispose aussi des plantes sacrées. La vapeur brûlante qui s'élève fait transpirer les participants, comme dans un sauna ou un hammam. On se passe la pipe sacrée en chantant et en priant.

La danse du Soleil

Chez les peuples des Plaines, une des plus importantes cérémonies religieuses, pratiquée encore aujourd'hui, est la danse du Soleil, interprétée par des adolescents et des hommes lors du solstice d'été (le 21 juin). Ces derniers offrent leur souffrance au Soleil et à la Terre pour que leurs bienfaits s'étendent sur la tribu. Ce rituel n'est pas obligatoire, mais un homme ne peut espérer faire partie d'une importante société de guerriers s'il n'y participe pas au moins une fois.

Les hommes dansent en cercle, reliés à un poteau par des lanières de cuir accrochées au moyen de broches en bois dans leur poitrine. Ils ne s'arrêtent que quand leur peau se déchire, libérant les broches.

DES PEUPLES DE GUERRIERS

Les hommes et les jeunes garçons se battaient contre d'autres tribus et, plus tard, contre les colons et l'armée américaine. Les guerriers menaient des raids pour voler des chevaux, capturer des femmes ou montrer leur courage afin de s'assurer le respect de leur tribu. Il n'était pas nécessaire de tuer ses ennemis. Mais, au XIXe siècle, de violents conflits opposèrent les Amérindiens au gouvernement américain, qui cherchait à s'emparer de leurs terres et à les enfermer dans des réserves.

La pratique du scalp

Les guerriers étaient traditionnellement armés d'arcs et de flèches, de tomahawks (haches de guerre) et de casse-tête (massues). Les tribus de l'Est (Iroquois et Hurons) avaient coutume de scalper leurs ennemis morts ou vivants : les guerriers découpaient au couteau un morceau de cuir chevelu avec une touffe de cheveux. Selon leurs croyances, un mort dont on avait pris le scalp ne pouvait pas rejoindre l'au-delà. Les autres tribus adoptèrent ensuite cette coutume, encouragées par les colons, qui récompensaient leurs alliés indiens lorsqu'ils tuaient des membres de tribus ennemies.

Indien montrant le scalp qu'il vient de prélever sur un soldat

La règle du silence

À la guerre comme à la chasse, il fallait être silencieux. Les guerriers utilisaient le langage des signes pour communiquer la position et le nombre des ennemis, ainsi que pour les négociations et le commerce. Ils utilisaient aussi les signaux de fumée à l'aide d'un feu et d'une couverture, du haut d'une colline ou d'une montagne. Plus tard, les Amérindiens utilisèrent de la même façon les miroirs vendus par les Blancs en renvoyant les rayons du soleil.

Prisonniers de guerre

Les vainqueurs d'une bataille intertribale torturaient leurs prisonniers. Si ces derniers survivaient, ils pouvaient être libérés ou gardés comme esclaves. Les femmes et les enfants étaient esclaves jusqu'à leur mariage ou leur adoption. Les enfants d'esclaves devenaient membres de la tribu.

Chefs indiens utilisant le langage des signes pour communiquer

Les coiffes

Les coiffes de plumes étaient différentes selon les tribus, mais seuls les chefs et les guerriers valeureux les portaient. Chaque plume représentait un acte de courage et était portée ou attachée à un poteau à l'extérieur de la demeure du guerrier.

Geronimo (1829-1909), célèbre chef apache

Les arcs et les flèches

Même lorsque les Amérindiens purent se procurer des armes à feu auprès des Blancs, ils ne renoncèrent pas à leurs arcs et à leurs flèches. On dit qu'un guerrier pouvait décocher plus de six flèches le temps qu'un soldat recharge son fusil.

Sitting Bull (1830-1890), chef sioux, qui compte parmi les plus grands chefs indiens.

Des guerres sans merci

Au cours du XIXe siècle, il y eut des alliances entre tribus pour défendre leurs territoires et leur existence menacés par l'afflux de colons et la volonté du gouvernement américain de les cantonner dans des réserves. Menés par des chefs remarquables (Red Cloud, Sitting Bull, Cochise et Geronimo), les Amérindiens remportèrent quelques grandes victoires. Mais l'armée et les colons n'hésitaient pas à tuer femmes, enfants et vieillards dans les campements et à affamer les tribus.

Le gouvernement ne respectait pas les traités de paix qu'il signait, et les militaires utilisaient les vieilles rivalités entre tribus pour les affaiblir. En 1890, des soldats tuèrent à la mitrailleuse 350 Sioux désarmés à Wounded Knee, dans le Dakota du Sud. Ce massacre mit fin à des décennies de résistance amérindienne.

Little Big Horn, en 1876, est la plus grande victoire amérindienne remportée, entre autre, grâce à Sitting Bull.

LES INDIENS AUJOURD'HUI

À la fin du XIXe siècle, les Amérindiens avaient perdu presque toutes leurs terres. Les maladies apportées par les Européens, les massacres, les guerres, les famines organisées et les déportations avaient au fil des siècles réduit leur nombre. En 1890, ils n'étaient plus que 400 000 environ. Relégués sur des terres pauvres, ils avaient dû renoncer à leur mode de vie ancestral, s'étaient vu interdire de parler leur langue et de pratiquer leur religion. Aujourd'hui, pourtant, ils renouent avec leurs origines.

Les Amérindiens prennent leur vie en main

Les Amérindiens ont pris conscience qu'il leur fallait gagner leur vie. De nombreuses réserves ont ouvert des casinos et vendent leur artisanat. D'autres ont des ressources naturelles (uranium, pétrole, charbon et gaz) dont l'exploitation crée des emplois. Beaucoup d'Amérindiens travaillent dans tous les secteurs de la vie professionnelle. En outre, ils s'organisent et manifestent pour que leurs droits soient reconnus. Mais si certaines tribus subviennent à leurs besoins, d'autres sont très pauvres. Elles sont davantage exposées au chômage, au suicide, à l'alcoolisme et à l'échec scolaire que le reste de la population américaine.

Un renouveau démographique

Actuellement, il y a environ 2,5 millions d'Amérindiens aux États-Unis, répartis entre plus de 560 tribus, et 1 million au Canada. Certains Amérindiens métissés sont issus de l'union des premiers habitants avec les Européens ou avec les anciens esclaves africains. C'est ainsi que l'on peut voir des Indiens aux yeux bleus et cheveux blonds ou à la peau foncée et aux cheveux crépus.

La reconquête des droits

Au début du XXe siècle, le gouvernement américain prit conscience du racisme et de la discrimination dont étaient victimes les Amérindiens. La citoyenneté américaine leur fut donc accordée en 1924. Certains adoptèrent le mode de vie américain. Moins d'un sur trois vit aujourd'hui dans les réserves, tandis que les autres habitent dans les grandes villes. Le gouvernement aide les tribus, surtout dans les domaines de l'éducation et de la santé.

Le maintien d'activités traditionnelles

Beaucoup de tribus ont su maintenir ou recréer des activités traditionnelles. Les Sioux Oglalas ont réintroduit des bisons dans leur réserve de Pine Ridge, l'une des plus pauvres du pays. Une partie de la viande est commercialisée. Les Ojibwas, dans la région des Grands Lacs, récoltent toujours le riz sauvage et le vendent. Les Navajos commercialisent leurs bijoux et leurs tissages, et les Pueblos leurs poteries.

À l'école des Amérindiens

Jusqu'au milieu du XXe siècle, de nombreux enfants amérindiens furent enlevés à leurs parents et forcés d'aller dans des pensionnats où on leur interdisait de parler leur langue pour les « civiliser ». Aujourd'hui, les tribus gèrent leurs écoles, leurs lycées et leurs universités, où sont enseignées les matières classiques mais aussi la langue et la culture tribales. Les enfants et les adolescents vivent ainsi comme les autres jeunes Américains, tout en connaissant leurs traditions.

Le powwow, qui est aujourd'hui un grand rassemblement des différentes tribus, permet pendant l'été de préparer de grandes fêtes, à l'occasion desquelles on organise des concours de danse. On se déplace en famille jusqu'au lieu des retrouvailles, qui durent plusieurs jours.

TABLE DES MATIÈRES

ISBN : 978-2-215-08881-3

Dépôt légal à la date de parution.
Conforme à la loi n° 49-956 du 16 juillet 1949
sur les publications destinées à la jeunesse.
Imprimé en Italie (03/08).